LE

GOUVERNEMENT

EN FACE DE

L'OPPOSITION

VERSAILLES

IMPRIMERIE CERF, 59, RUE DU PLESSIS,

1870

IMPERIAL.
TIMBRE
78
1/4
Cen.

QUELQUES FAUTES

DUES A

L'OPPOSITION

DEPUIS 1827

Au commencement du siècle, l'antipathie contre l'étranger était non seulement une disposition d'esprit générale; mais il y avait alors si peu d'années écoulées, depuis le moment que cette antipathie avait été exigée comme vertu civique, qu'il n'y avait pas lieu de croire à l'effacement de cette disposition d'esprit en soixante-dix ans; les voisins abhorrés n'ayant surtout rien fait, pour avoir le droit de réclamer nos sympathies, au lieu et place de nos antipathies.

Prussiens et Anglais, les uns par leur argent, les autres par leur présence, avaient insulté la

Champagne en 1792; nous les retrouvons en 1815, la main dans la main à Waterloo, et qui y regarderait de bien près ne les trouverait probablement pas occupés à l'heure qu'il est, à mériter nos bénédictions. On croit que les Aldermen de Londres, sont embarrassés sur la question du maintien de la dénomination Hanoversquare, qui peut donner lieu à des réflexions désobligeantes pour les parents de la maison de Hanovre.

Mais le français est essentiellement né pour poser, et dans ce moment-ci, l'amour du genre humain est de bien meilleure mise, que l'amour du pays.

Je suis resté ce que le sort m'avait fait ; né en 1802, j'ai été élevé à exécrer l'étranger armé. Je n'exècre personne aujourd'hui, de parti pris, mais je me méfierais des Gouvernements étrangers, si j'étais appelé à m'en occuper, et je trouve encore que la meilleure pierre de touche pour nous faire connaître l'utilité d'une mesure prise parmi nous, est l'appréciation qu'en font les étrangers (intérêt direct mis à part).

Ce qu'on appelle opposition, c'est-à-dire la critique des acteurs par ceux qui voudraient être acteurs eux-mêmes, a pris beaucoup d'extension, depuis la paix avec l'Angleterre. Cette opposition a souvent eu la force d'entraîner les gouvernants à agir contrairement à leurs projets.

Le premier exemple pour moi eut lieu en 1827.

Les Grecs plus ou moins recommandables par leurs mœurs se soulevaient contre les Turcs ; il était évident, que soutenir les Grecs pouvait être très-chevaleresque, mais qu'écraser la marine turque, enlever au croissant son prestige, était une politique détestable.

Si les Anglais renièrent cette faute en traitant d'imprévue la part qu'ils avaient prise à la bataille de Navarin, l'opposition de la France emboucha tous ses pipeaux, ce qui fit bien du plaisir à Saint-Pétersbourg. Et lisez même Lord Byron, un poète et poète dévoué aux Hellènes, lisez les récits de ceux qui ont parcouru la Grèce moderne, vous verrez qu'au physique comme au moral, la dégénérescence est tellement complète, qu'on se demande qui pourra trouver la trace des moyens qui ont pu faire arriver les figures des Hellènes actuels lourdes, aux instincts bestiaux, à remplacer la race représentée par leurs ancêtres, sur les bas-reliefs de la patrie commune. Quand les causes de dégénérescence physique auront été signalées, il ne sera pas difficile d'expliquer comment la dégénérescence morale s'est autant abaissée depuis le siècle de Périclès.

Peu après la France mit la main sur Alger, ce qui déplut beaucoup à l'Angleterre, au cœur de laquelle vinrent des consolations par la révolution de 1830 ; la campagne de Belgique, et la manière dont on tira partie de l'Algérie.

La révolution de 1830 s'étant accomplie assez promptement eut pour contre-coup la révolution des provinces belges.

Unies à la Hollande, ces provinces ne nuisaient à personne, elles donnaient un peu d'assiette à l'état maritime de la Hollande. C'était peu, mais c'était trop pour les Anglais.

En avant! l'opposition en France; on se rue sur Anvers à la suite de grands mots vides de sens; on détache la Belgique de la Néerlande, on place à sa tête, j'allais dire un préfet anglais dont les soins ne sont pas exclusivement réservés à la mastication des provinces belges, mais trouvant le temps de s'occuper des populations Rhénanes qu'il travaille avec soin pour enlever jusqu'aux moindres souvenirs des temps de la République et de l'Empire, et du commilitarisme français parmi les populations rhénanes.

Un petit fait plus grave que ses apparences, se passa aussi à cette époque.

Les régiments recrutés en Suisse furent licenciés, et l'on supprima aux cantons Suisses, le droit qu'ils avaient d'occuper un certain nombre de places, aux écoles publiques polytechniques et autres. Les Prussiens ont dû certainement applaudir à la généreuse délicatesse de l'opposition française qui ne voulait pas engager ses voisins à être ses amis, plutôt que ceux des autres voisins.

Ceux qui ont vu le Rhin en 1829, et en 1840, ont pu juger de la différence.

Revenons à l'Algérie, nous pouvions acquérir un pied à terre à Mahon. Les Anglais ont soufflé sur la péninsule Ibérique un vent de discussions politiques (1); en même temps, le système d'occupation restreinte, accepté par le Gouvernement est honni par l'opposition qui ne voit que des citoyens français, sous les burnous les mieux connus pour leur hostilité, très-patriotique du reste, mais qui ne constitue pas une carte de civisme ou d'électeur. Parce qu'enfin le patriotisme arabe, n'est pas encore le patriotisme français.

L'occupation restreinte fut une idée abandon-

---

(1) Les Anglais jouissaient d'un gouvernement approprié à leur caractère, à leurs mœurs publiques et privées, à leur position insulaire, à la répartition même des avantages de la société matérielle; ils n'avaient pas besoin, grâce à leur intelligence, d'épreuves pour s'assurer que cette forme gouvernementale heureuse pour eux, eût moins convenue à des hommes d'un autre sang; colons, par position géographique et par intérêt commercial, ils façonnèrent toutes les populations qu'ils soumirent à leur forme gouvernementale, et elle réussit d'autant moins, que les populations manquaient de calme et de hiérarchie. Aussi, ont-ils soin de recommander la liberté anglaise lorsqu'ils veulent assurer l'éclosion de dissensions politiques. Aussi, n'ont-ils pas manqué d'impatroniser leur mode de gouvernement aussi bien dans les Flandres, où ils se trouvent presque dans un sol naturel, qu'en Espagne, en Portugal et dans l'Amérique du Sud, où il fait l'effet d'une mauvaise plaisanterie.

née à la grande joie de nos voisins de Gibraltar.

Il n'y a pas à se plaindre des hostilités ouvertes en Crimée ; on ne peut même pas accuser l'opposition de les avoir fait cesser trop brusquement, ce serait le contraire. Elle a trop oublié la Pologne, et cette fois elle n'a pas assez parlé. Mais l'entrée en Italie, c'est à l'opposition que la France la doit. Les diverses phases dans lesquelles la France s'est enchevêtrée de nouveau, lorsqu'elle pouvait se dégager ; c'est à l'opposition qu'elle le doit. Si on l'eût encore écouté un peu mieux, la Sicile pourrait être aujourd'hui sous le protectorat anglais.

Le gouvernement français aurait pu éviter la guerre du Mexique ; les complications de Cuba et de Saint-Domingue, et celles qui ne tarderont pas à surgir en donnant aux Sudistes pendant la guerre de la Sécession, le titre de belligérants ; mais c'eût été porter la main sur l'arche sainte, douter du désintéressement des philosophes Négrophiles de New-York, qui sont comme chacun le sait dans l'opposition, tous purs, bienveillants, désintéressés et modestes.

Le souffle de l'opposition qui n'avait pas manqué d'appuyer le système Bismarck, avec non moins de zèle, mais beaucoup moins d'intelligence que le parti national Prussien, qui savait à quoi s'en tenir, sur les ficelles que faisait jouer le comte de Bismarck et qui, étalant tous les mots du vocabulaire: liberté, aboutissait à une seule touche, l'unitarisme prussien. Le souffle de l'opposition n'osa pas se démentir après le résultat final, et trouva dans ses alliés d'Italie, une excuse pour louer les victorieux.

Mais peu s'en fallût, que les événements de Crète, n'arrivassent, grâce au concours de l'opposition, qui se trouvait là, chanter son Idylle, avec ses amis délicieux, les Américains du Nord! Peu s'en fallût, que nous n'eussions un second volume de Navarin. Je pense même, qu'il est à regretter, pour l'instruction de la jeunesse, que les choses n'aient pas été poussées plus loin.

Mon instruction est toute faite et je crois être autorisé à dire, qu'il est fâcheux de préférer un étranger à son voisin, qu'un homme qui aime tout le monde n'aime personne, et que la meilleure manière, de savoir si une mesure est bonne à adopter, c'est de savoir si elle plaît, ou déplaît à l'étranger. En un mot, né Chauvin, je mourrai Chauvin.

Au moment, où je faisais ma confession finale, on m'a apporté un journal, peut-être arriéré, dans lequel, les amis de l'Amérique, donnaient sans s'en douter, je le veux croire, des moyens excellents pour assurer aux annexionistes, Prussiens, Américains ou Russes, la possession d'un territoire convoité. La recette est la même pour tous les pays, qu'il s'agisse d'une baie, d'une île ou d'une bande de territoire sur le littoral. Première opération, la seule difficile, si l'on se heurte au bon sens, c'est de faire croire au possesseur de la localité que le bien de l'humanité, la philantropie, etc., etc., exige de sa part, le sacrifice de ce qu'il croit un droit acquis, pour rendre à tous ceux qui occupent le sol, le droit d'autonomie.

Deuxièmement, faire surgir immédiatement des agitateurs soutenus avant tout par des capitalistes qui tiennent un compte ouvert chez les consuls américains.

Troisièmement, on demande le renvoi du Tyran, celui-là c'est le premier fonctionnaire venu qui a l'audace de vouloir faire son devoir.

Appliquez ce système au premier port qu'il vous conviendra, et vous verrez tout l'avantage qu'il y aura pour la France au self-government et à la liberté dans les colonies.

L'Irlande souffre, donnez-lui sa liberté, vous ne manquerez pas de gens à New-York, qui vous jureront sur l'honneur que le remède est infaillible, et encore en Irlande, les Irlandais ont à réclamer des droits égaux et peut-être davantage, et ce n'est pas à ce titre que notre opposition leur donne raison.

Ils le jureraient pour Gibraltar, mais seraient encore moins écoutés. L'Algérie vous pèse, donnez-lui la liberté, ses représentants à la Chambre,

et vous pouvez être certains, qu'il se trouvera à
New-York, des entrepreneurs de guérison radi-
cale, qui tireront parti de la liberté octroyée,
pou rarriver à une solution, utile pour quelqu'un,
si ce n'est pour vous. Votre établissement de la
Réunion, ou tel autre offre-t-il des faillites plus
que de fortunes, laborieusement élevées, donnez-lui la liberté, et le jour viendra ou cette se-
mence sera utilisée, et ce jour peut n'être pas
éloigné.

Oran, point remarqué par les Espagnols,
agrandi et fortifié avec une attention maternelle,
pendant deux cents ans d'occupation, passé aux
mains des Français, n'appartenant qu'à la société collective française, par suite de droits bien
exprimés, y compris le coup d'éventail, cette ville
a vu son territoire couvert, l'an dernier, de traits
antropophagiques ; donnez-leur la liberté, se sont
écriés de suite les gens qui ont ce remède à tout.
Il y en avait beaucoup d'autres à employer avant
celui-là, qui n'eût certes amené que des mares de
sang. D'ailleurs, entendons-nous, est-ce la liberté
à l'européenne ou à l'indigène, à l'ouvrier européen ou au capitaliste? A tous me répondez-vous.
Alors, aux indigènes qui ont la majorité évi-
dente, jusqu'à nouvel ordre, et ceux-là, certes ne
dépenseront pas un centime pour l'instruction
obligatoire, les réserves d'eau, les irrigations de
toute nature, le reboisement et l'aménagement

forestier, les routes et ponts ; il y a mieux, les intérêts plus froissés dans un contact journalier, sur
une petite étendue de surface, sont plus irrités
qu'en Europe ; il y a moins d'auditeurs béné-
voles, formant la foule, pour laquelle chacun
pose, vous aurez certes, beaucoup de choc, mais
si du choc jaillit la lumière parfois, plus souvent encore, les éboulements en sont la suite.

Comme droits, ceux-là en auraient qui, leurs
états de service à la main, viendraient constater,
que c'est à l'ombre de leurs corps, que cette terre
est devenue pied à pied, française.

Plus encore en auraient les pères et les famil-
les qui viendraient indiquer un tertre effacé, en
disant : Notre fils est tombé là, tel jour. Mais des
titres, mais des droits, parce que vous avez fait
des acquisitions, probablement captieuses pour
vous, dans le prix desquelles, en tout cas, en-
traient des garanties, au moins d'honneur, de
vous maintenir envers et contre tout envahis-
seur et cela au dépens de la vie et de la bourse,
des quarante millions de Français !

Vous seriez bien fâchés de voir disparaître cette
armée française contre laquelle vous criez, et que
vous adorez en secret, comme votre premier con-
sommateur.

Et l'on vous donnera, non-seulement le droit,
de présenter des avis, ce qui était juste et naturel, mais le droit de disposer des ressources de

la métropole, et peut-être un jour de disposer de vous-même.

— Halte! Messieurs, s'il en est temps encore. Rompons l'association, reprenez ce que vous avez apporté; Arabes et Kabyles, rentrez dans vos limites, et en suivant les prescriptions de la vieille histoire de Joseph, en ménageant vos grains dans des silos, pour l'apparition des vaches maigres, vous n'aurez plus à craindre les suites de disette générale, contre lesquelles un peuple commerçant trouve toujours des ressources pour lutter, mais contre lesquelles on ne retrouve que des raisons matérielles. L'association dite Tribu chez laquelle toute la propriété qui est collective n'a en vue que le troupeau. Le troupeau donne la maison, la tente, le troupeau donne la défense qui est le cheval, les vêtements qui sont tous faits de ses produits directs ou indirects. Ce qu'on distrairait en France pour la production des boissons en général, alcools, bières et cidres, tout cela est au compte du troupeau; et vous voulez faire délibérer côte à côte des hommes qui ne peuvent pas y vivre. Quant au soldat, il reprendra son arme, dût la silhouette de sa baïonnette ne vous importuner que pour quelques années encore, bien que vous ne reposiez qu'à son ombre.

Hic est Deus, qui vobis otia fecit.

C'est donc encore une illusion échafaudée sur une autre illusion, le suffrage algérien émis par l'indépendance algérienne, que nous propose l'opposition comme solution aux questions pendantes en 1870, entre la Métropole et l'Algérie. L'opposition nous a mal conseillés, nous venons de le voir, nous avons au moins, le droit, d'examiner ses propositions avec défiance.

Les destinées de la race humaine se sont ouvertes sur les bords de la Méditerranée, la seule vallée où croisse utilement l'olivier. Elles sont toujours venues s'y retremper, après s'en être un peu écartées. Il n'y a plus de sang neuf dans le monde pour rajeunir notre arbre généalogique ; la jeune Amérique, usée dans ses éléments, tout autant que la vieille Europe, qui a constitué ceux-ci, n'a d'un peu de nouveau que l'humus qu'elle cultive. Quant à ses instincts, ils sont aussi vieux, aussi usés, aussi peu généreux que ceux de la race la plus abjecte du continent européen. Le dieu Dollar est le plus vénéré de toutes les Divinités qu'on adore, et au moment de la guerre de la sécession, on a trouvé immensément de fonds moyennant intérêts ; fort peu de bras pour combattre, puisqu'on trouvait des étrangers à acheter, pour défendre la cause de la patrie, qui devenait ainsi une entreprise commerciale ; et voilà, le modèle qu'on nous met sous les yeux, voilà l'idéal vers lequel on voudrait nous pousser, et pour lequel en attendant, on nous fait tirer les marrons du feu.